Impressum
Verlag: BABADADA GmbH, Nedderfeld 112 , 22529 Hamburg
Geschäftsführer / Verlagsleitung: Harald Hof
Druck: Books on Demand GmbH, In de Tarpen 42, 22848 Norderstedt

Imprint
Publisher: BABADADA GmbH, Nedderfeld 112 , 22529 Hamburg, Germany
Managing Director / Publishing direction: Harald Hof
Print: Books on Demand GmbH, In de Tarpen 42, 22848 Norderstedt, Germany

школа

学校

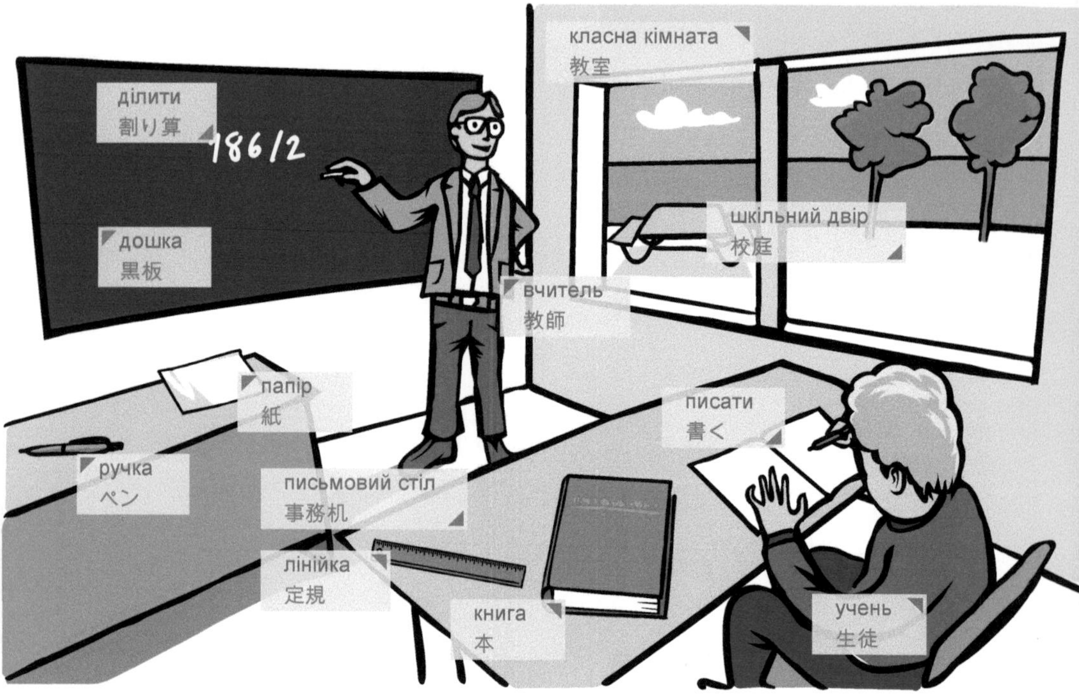
класна кімната
教室
ділити
割り算
186/2
дошка
黒板
шкільний двір
校庭
вчитель
教師
папір
紙
писати
書く
ручка
ペン
письмовий стіл
事務机
лінійка
定規
книга
本
учень
生徒

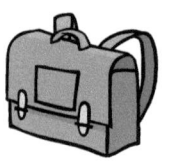

ранець

ランドセル

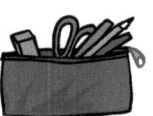

пенал

筆入れ

олівець

鉛筆

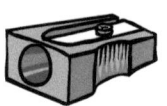

точило

鉛筆削り

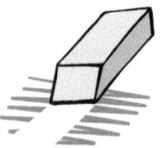

гумка

消しゴム

альбом для малювання

スケッチブック

малюнок

スケッチ

пензель

絵筆

коробка фарб

絵の具箱

ножиці

はさみ

клей

接着剤

зошит

練習帳

домашнє завдання

宿題

12

число

数

2+2

додавати

足し算

5-2

віднімати

引き算

2×2

множити

かけ算

рахувати

計算する

A

літера

文字

ABCDEFG HIJKLMN OPQRSTU VWXYZ

абетка

アルファベット

слово

単語

текст

テキスト

читати

読む

крейда

チョーク

година

授業

класний журнал

学級日誌

екзамен

試験

диплом

通知表

шкільна форма

制服

освіта

教育

лексикон

百科事典

університет

大学

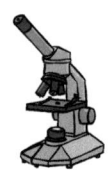

мікроскоп

顕微鏡

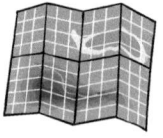

карта

地図

кошик для паперу

ごみ箱

подорож
旅行

готель
ホテル
Grand
турбаза
ホステル
ROOMS
обмінний пункт
両替所
CHANGE
валіза
スーツケース
автомобіль
自動車

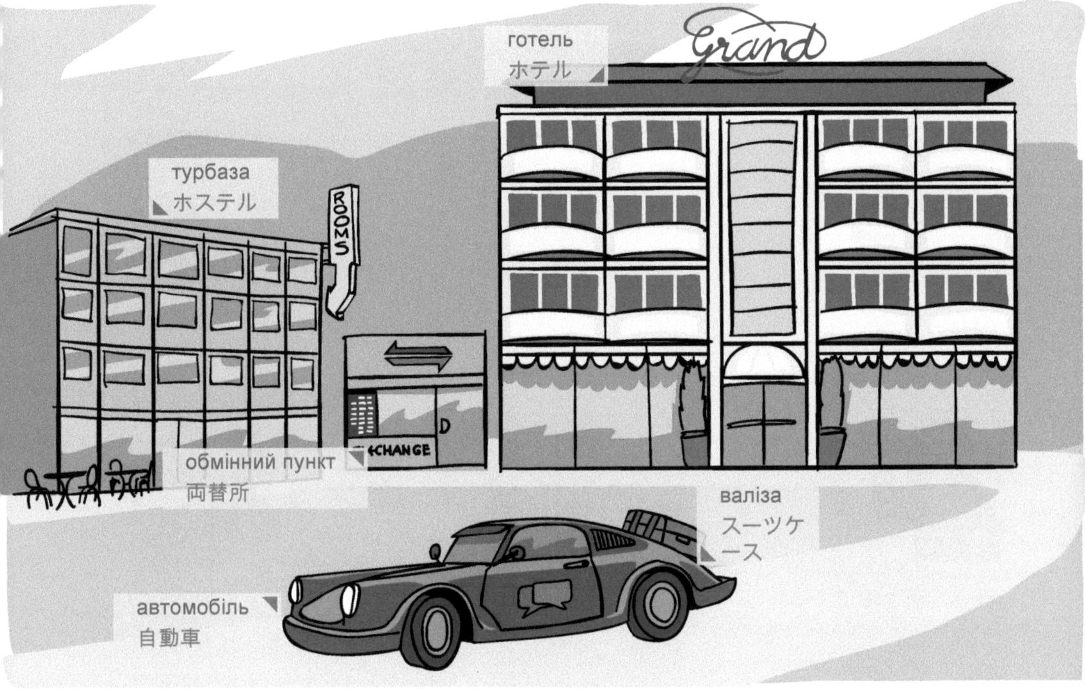

мова

言語

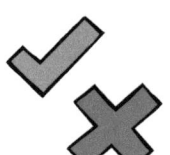

так / ні

はい / いいえ

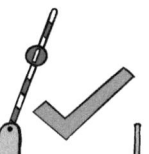

добре

問題ない

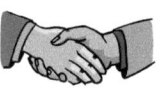

привіт

ハロー

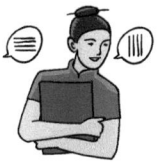

перекладач

翻訳者

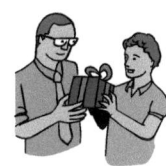

дякую

ありがとう

Скільки коштує ...?

...はいくらですか？

Я не розумію

わかりません

проблема

問題

Добрий вечір!

こんばんは！

Доброго ранку!

おはようございます！

На добраніч!

おやすみなさい！

До побачення

さようなら

напрямок

方向

багаж

手荷物

сумка

バッグ

рюкзак

リュックサック

гість

お客様

кімната

部屋

спальний мішок

寝袋

намет

テント

туристична інформація

旅行者情報

пляж

ビーチ

кредитна картка

クレジットカード

сніданок

朝食

обід

昼食

вечеря

夕食

квиток

チケット

ліфт

エレベーター

поштова марка

スタンプ

межа

境界

митниця

税関

посольство

大使館

віза

ビザ

паспорт

パスポート

транспорт
輸送

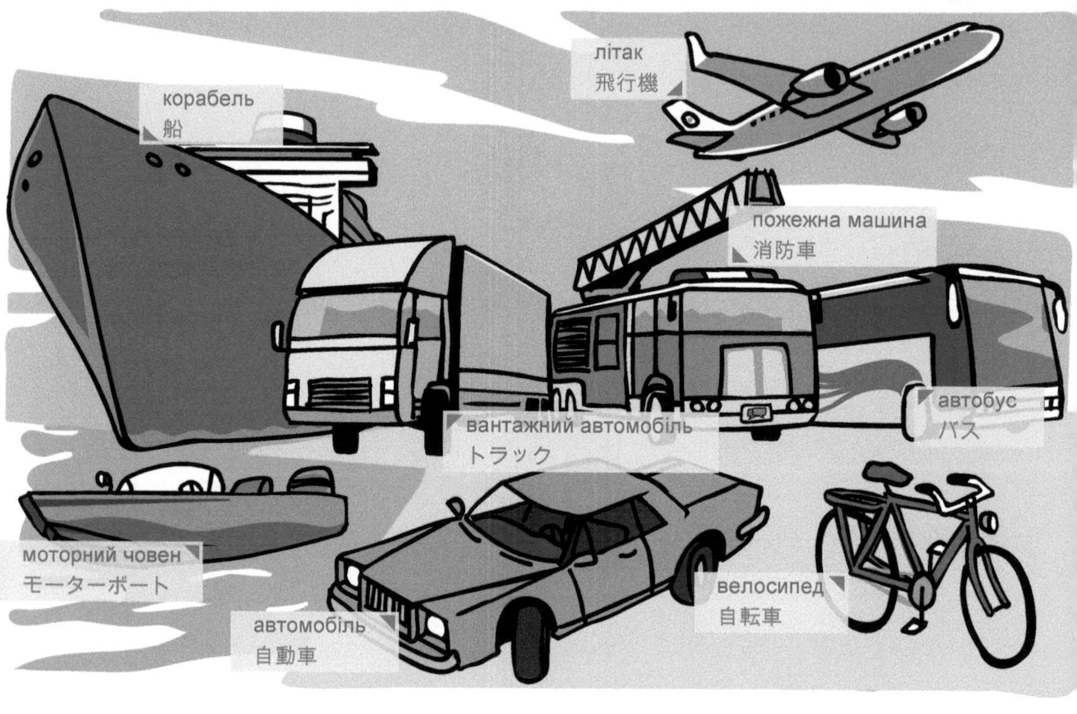

літак
飛行機
корабель
船
пожежна машина
消防車
автобус
バス
вантажний автомобіль
トラック
моторний човен
モーターボート
велосипед
自転車
автомобіль
自動車

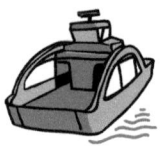

пором

フェリー

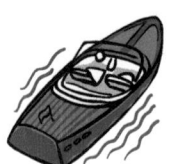

човен

ボート

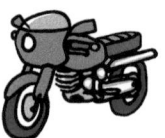

мотоцикл

バイク

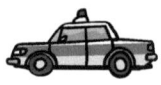

поліцейська машина

パトカー

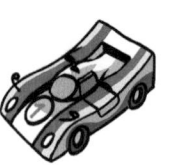

гоночний автомобіль

レーシングカー

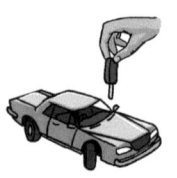

автомобіль на прокат

レンタカー

спільне користування авто

カーシェアリング

евакуатор

レッカー車

сміттєвоз

ごみ収集車

двигун

モーター

паливо

燃料

автозаправна станція

ガソリンスタンド

дорожній знак

交通標識

рух

交通

затор

渋滞

стоянка

駐車場

вокзал

駅

рейки

道

потяг

列車

трамвай

路面電車

вагон

車両

гелікоптер

ヘリコプター

аеропорт

空港

вежа

タワー

пасажир

乗客

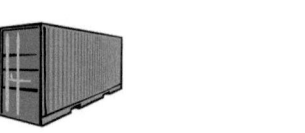

контейнер

コンテナ

коробка

段ボール箱

візок

カート

кошик

カゴ

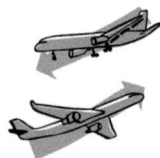

стартувати / приземлятися

離陸 / 着陸

місто

都市

село

村

центр міста

都心

дім

家

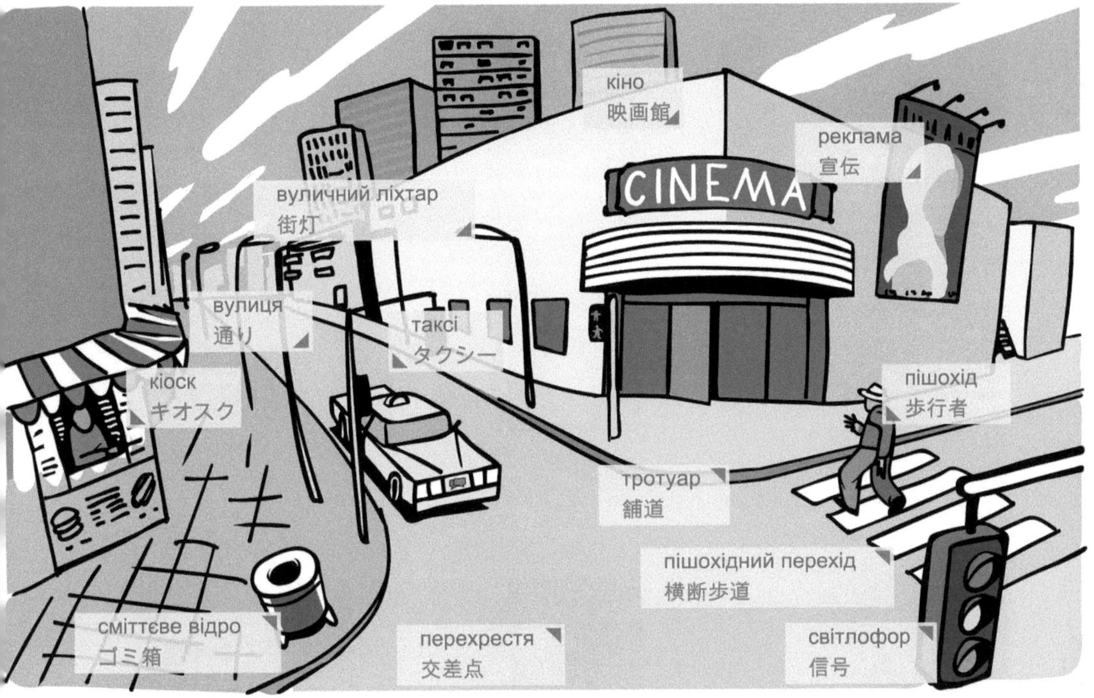

кіно
映画館

реклама
宣伝

вуличний ліхтар
街灯

CINEMA

вулиця
通り

таксі
タクシー

пішохід
歩行者

кіоск
キオスク

тротуар
舗道

пішохідний перехід
横断歩道

сміттєве відро
ゴミ箱

перехрестя
交差点

світлофор
信号

хатина

小屋

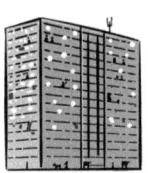

квартира

アパート

вокзал

駅

ратуша

市役所

музей

美術館

школа

学校

університет

大学

банк

銀行

лікарня

病院

готель

ホテル

аптека

薬局

офіс

オフィス

книжковий магазин

書店

магазин

ショップ

квітковий магазин

花屋

супермаркет

スーパーマーケット

ринок

市場

універмаг

デパート

торговець рибою

魚屋

торговельний центр

ショッピングセンター

гавань

港

парк

公園

лава

ベンチ

міст

橋

сходи

階段

метро

地下鉄

тунель

トンネル

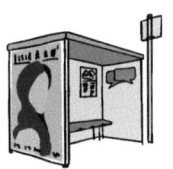

автобусна зупинка

バス停

бар

バー

ресторан

レストラン

поштова скринька

ポスト

вулична табличка

道路標識

лічильник паркування

パーキングメーター

зоопарк

動物園

басейн

スイミングプール

мечеть

モスク

ферма

農場

забруднення
навколишнього
середовища

汚染

кладовище

墓地

церква

教会

дитячий майданчик

遊び場

храм

寺

ландшафт

風景

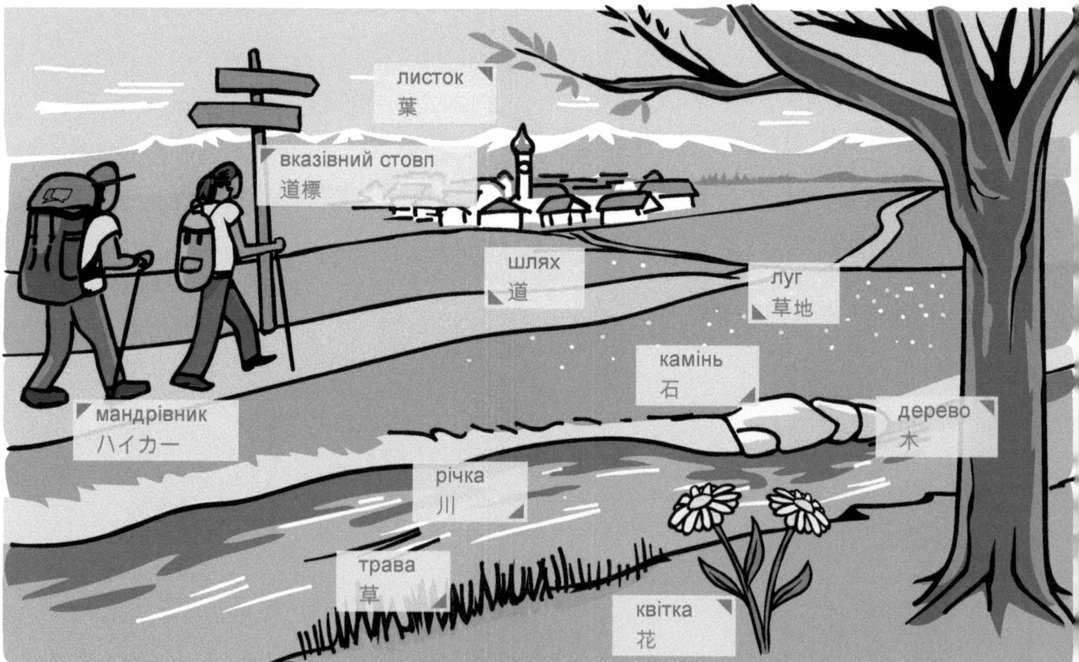

листок
葉

вказівний стовп
道標

шлях
道

луг
草地

камінь
石

дерево
木

мандрівник
ハイカー

річка
川

трава
草

квітка
花

долина

谷

гора

山

озеро

湖

ліс

森

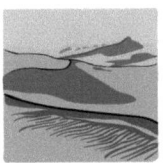

пустеля

砂漠

вулкан

火山

замок

城

веселка

虹

гриб

キノコ

пальма

ヤシの木

комар

蚊

муха

ハエ

мурашка

蟻

бджола

ミツバチ

павук

クモ

ландшафт - 風景

жук

カブトムシ

жаба

蛙

вивірка

リス

їжак

ハリネズミ

заєць

ウサギ

сова

フクロウ

птах

鳥

лебідь

白鳥

кабан

雄豚

олень

鹿

лось

ヘラジカ

гребля

ダム

вітряк

風力タービン

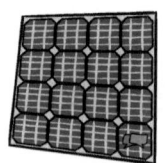

сонячний модуль

ソーラーパネル

клімат

気候

ресторан

レストラン

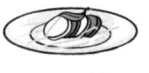

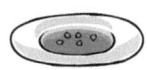

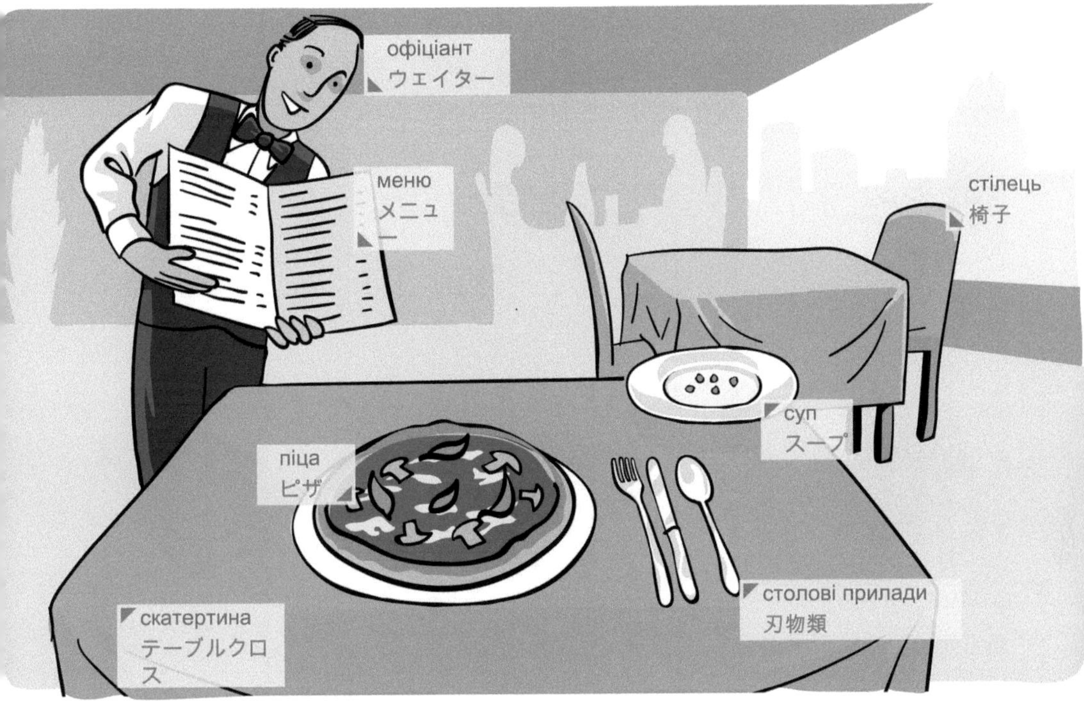

офіціант
ウェイター
меню
メニュー
стілець
椅子
суп
スープ
піца
ピザ
столові прилади
刃物類
скатертина
テーブルクロス

закуска

前菜

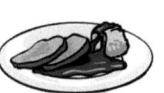

друга страва

メインコース

десерт

デザート

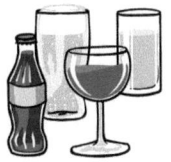

напої

飲み物

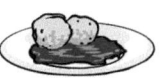

їжа

食べ物

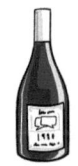

пляшка

ボトル

фаст-фуд

ファストフード

вулична їжа

屋台の食べ物

чайник

ティーポット

цукорниця

砂糖入れ

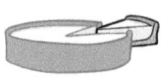

порція

一人前

еспресо-машина

エスプレッソマシン

високий стільчик

幼児用食事椅子

рахунок

請求書

піднос

トレー

ніж

ナイフ

вилка

フォーク

ложка

スプーン

чайна ложка

ティースプーン

серветка

ナプキン

склянка

グラス

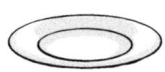

тарілка

皿

тарілка для супу

スープ皿

блюдце

受け皿

соус

ソース

солонка

塩入れ

млин для перцю

ペッパーミル

оцет

酢

масло

油

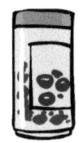

спеції

スパイス

кетчуп

ケチャップ

гірчиця

マスタード

майонез

マヨネーズ

супермаркет

スーパーマーケット

пропозиція
特価品
FOR
клієнт
顧客
молочні продукти
乳製品
фрукти
果物
візок для покупок
ショッピング· カート

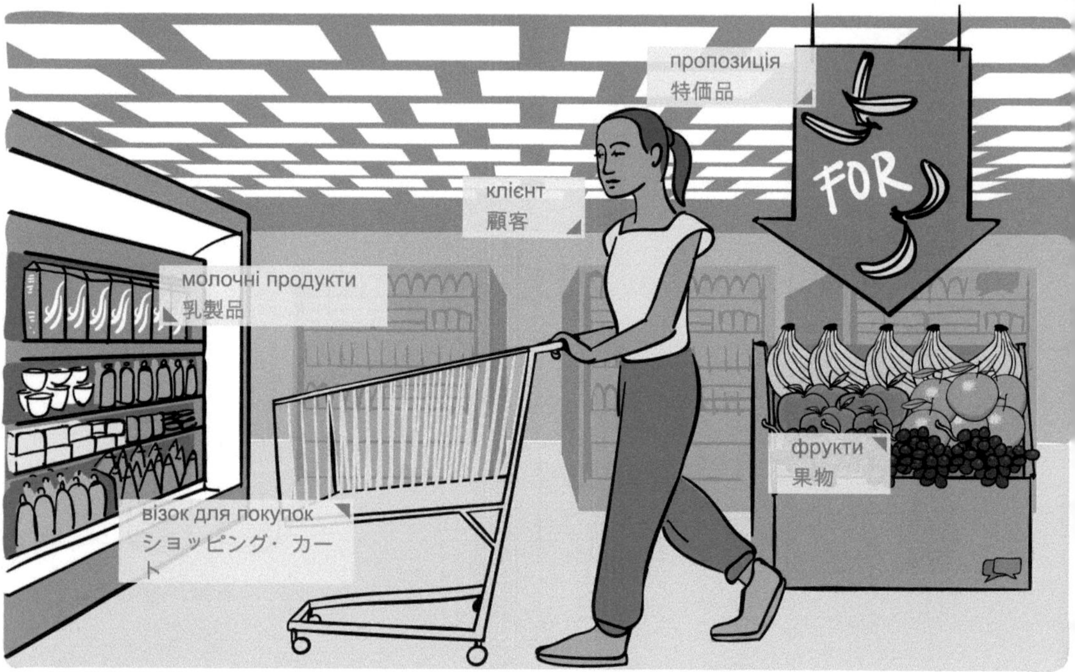

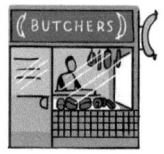

BUTCHERS

м'ясний магазин

肉屋

BAKERY

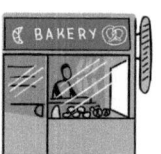

пекарня

パン屋

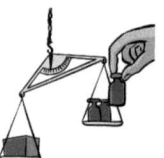

зважувати

重さをはかる

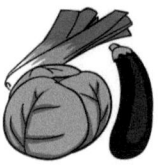

овочі

野菜

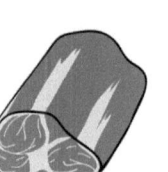

м'ясо

肉

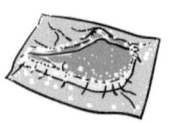

заморожені продукти

冷凍食品

ковбасна нарізка

冷肉の薄切り

консерви

缶詰食品

пральний порошок

洗剤

солодощі

菓子

предмети домашнього побуту

家庭用品

мийний засіб

清掃用品

продавщиця

販売員

каса

現金箱

касир

レジ係

список покупок

買い物リスト

часи роботи

開館時刻

гаманець

財布

кредитна картка

クレジットカード

сумка

バッグ

поліетиленовий пакет

ポリ袋

вода

水

сік

ジュース

молоко

牛乳

кола

コーラ

вино

ワイン

пиво

ビール

алкоголь

アルコール

какао

ココア

чай

紅茶

кава

コーヒー

еспресо

エスプレッソ

капучіно

カプチーノ

банан

バナナ

яблуко

リンゴ

апельсин

オレンジ

кавун

メロン

лимон

レモン

морква

ニンジン

часник

ニンニク

бамбук

竹

цибуля

玉ねぎ

гриб

キノコ

горішки

ナッツ

локшина

ヌードル

спагеті

スパゲッティ

рис

米

салат

サラダ

картопля фрі

フライドポテト

смажена картопля

フライドポテト

піца

ピザ

гамбургер

ハンバーガー

бутерброд

サンドウィッチ

шніцель

カツレツ

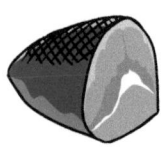

шинка

ハム

салямі

サラミ

ковбаса

ソーセージ

курка

鶏肉

печеня

焼き

риба

魚

вівсяні пластівці

麦のお粥

мюслі

ムーズリ

кукурудзяні пластівці

コーンフレーク

борошно

小麦粉

круасан

クロワッサン

булочка

ロールパン

хліб

パン

тостовий хліб

トースト

печиво

ビスケット

масло

バター

сир

カッテージチーズ

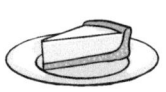

пиріг

ケーキ

яйце

卵

яєчня

目玉焼き

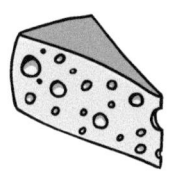

сир

チーズ

морозиво

アイスクリーム

цукор

砂糖

мед

はちみつ

мармелад

ジャム

нуга-крем

ヌガークリーム

карі

カレー

їжа - 食べ物

ферма
農場

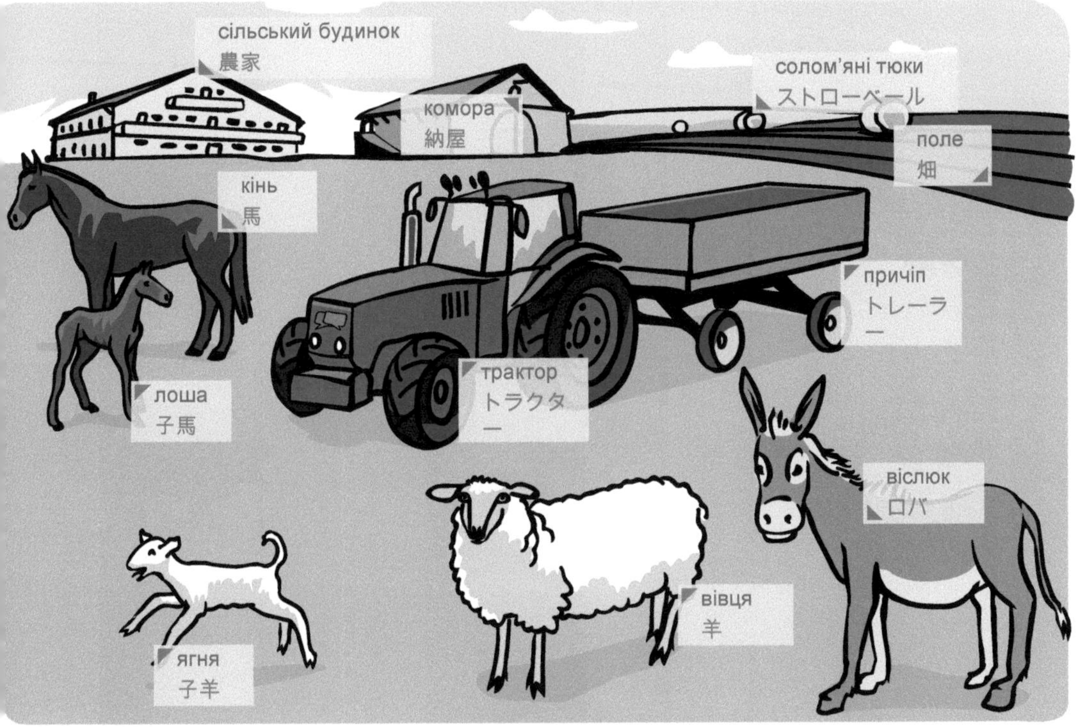
сільський будинок
農家
комора
納屋
солом'яні тюки
ストローベール
поле
畑
кінь
馬
причіп
トレーラー
лоша
子馬
трактор
トラクター
віслюк
ロバ
вівця
羊
ягня
子羊

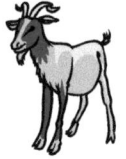

коза

ヤギ

корова

雌牛

теля

子牛

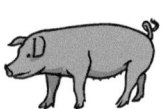

свиня

豚

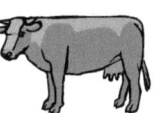

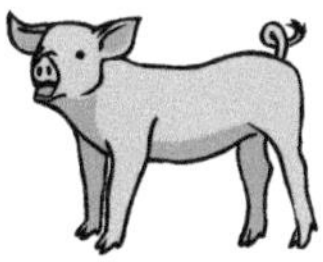

порося

子豚

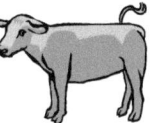

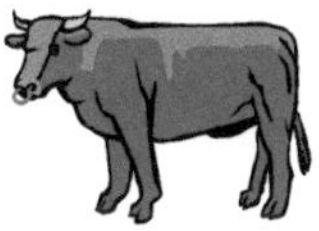

бик

雄牛

гусак

ガチョウ

качка

アヒル

курча

ひよこ

курка

にわとり

півень

おんどり

щур

ネズミ

кіт

猫

миша

ねずみ

віл

雄牛

собака

犬

собача будка

犬小屋

садовий шланг

散水ホース

лійка

じょうろ

коса

大鎌

плуг

すき

серп

草刈り鎌

мотика

くわ

вила

堆肥用フォーク

сокира

斧

тачка

手押し車

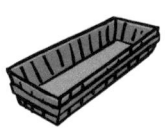

корито

かいばおけ

бідон молока

牛乳缶

мішок

袋

паркан

フェンス

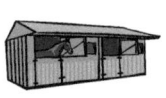

хлів

畜舎

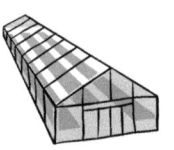

теплиця

温室

ґрунт

土壌

насіння

種

добриво

肥料

комбайн

コンバイン

ферма - 農場

пожинати

収穫する

урожай

収穫

корінь ямсу

ヤマイモ

пшениця

小麦

соя

大豆

картопля

じゃがいも

кукурудза

トウモロコシ

ріпак

菜種

плодове дерево

果樹

маніок

キャッサバ

злаки

穀物

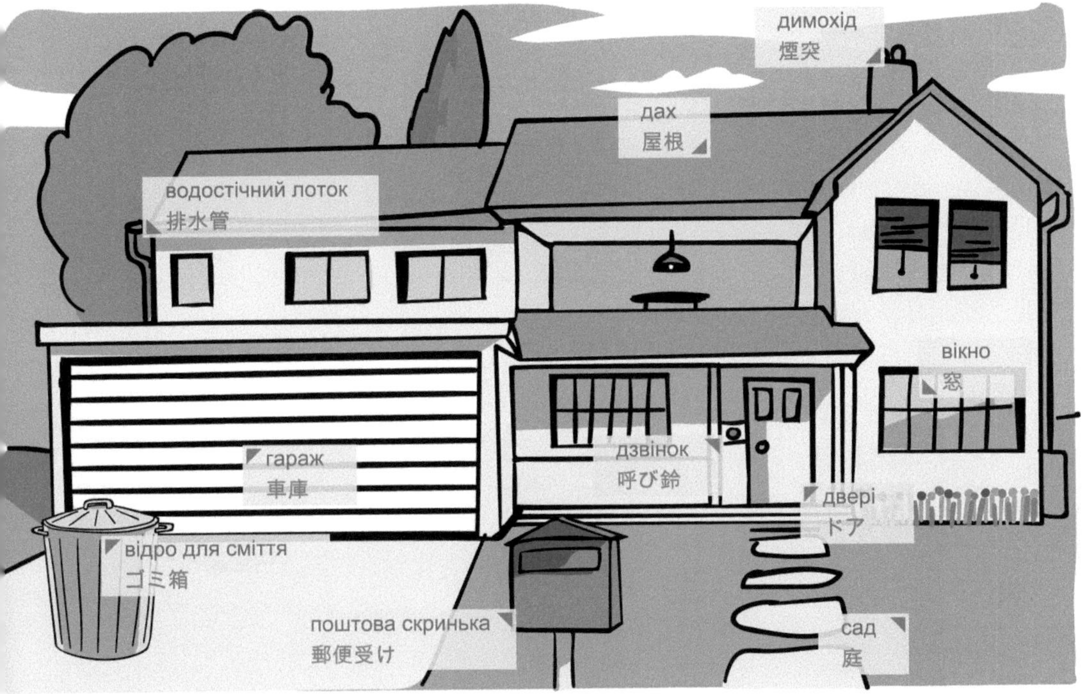

димохід
煙突

дах
屋根

водостічний лоток
排水管

вікно
窓

гараж
車庫

дзвінок
呼び鈴

двері
ドア

відро для сміття
ゴミ箱

поштова скринька
郵便受け

сад
庭

вітальня

リビングルーム

ванна кімната

浴室

кухня

台所

спальня

寝室

дитяча кімната

子供部屋

їдальня

ダイニング・ルーム

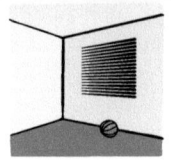

підлога

床

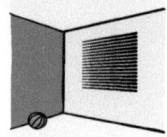

стіна

壁

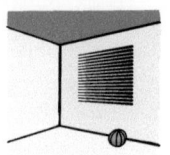

стеля

天井

підвал

地下貯蔵庫

сауна

サウナ

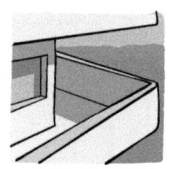

балкон

バルコニー

тераса

テラス

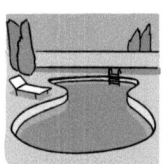

басейн

プール

косарка

芝刈り機

простирало

シーツ

ковдра

ベッドカバー

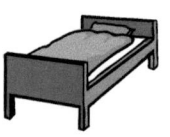

ліжко

ベッド

мітла

ほうき

відро

バケツ

перемикач

スイッチ

вітальня

リビングルーム

шпалери
壁紙
малюнок
絵
лампа
ランプ
поличка
棚
шафа
食器棚
телевізор
テレビ
камін
暖炉
квітка
花
подушка
クッション
диван
ソファ
ваза
花瓶
пульт
リモコン

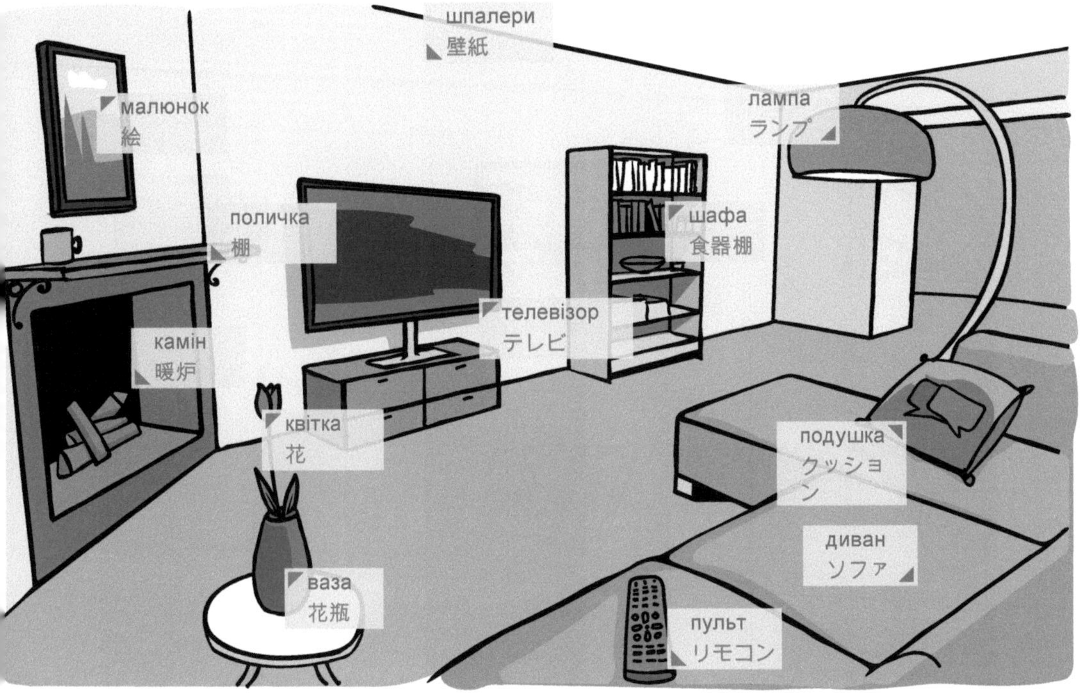

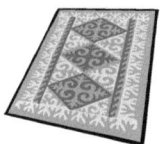

килим

カーペット

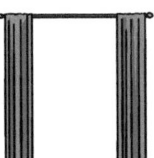

завіса

カーテン

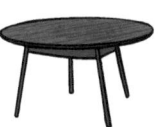

стіл

テーブル

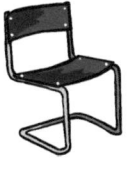

стілець

椅子

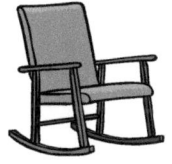

крісло-гойдалка

ロッキングチェア

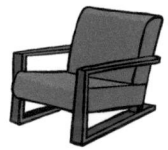

крісло

ひじ掛け椅子

книга

本

ковдра

毛布

прикраса

飾り

дрова

たきぎ

фільм

映画

стереосистема

ステレオ

ключ

鍵

газета

新聞

картина

絵画

плакат

ポスター

радіо

ラジオ

блокнот

メモ帳

пилосос

掃除機

кактус

サボテン

свічка

ろうそく

кухня
台所

холодильник
冷蔵庫
мікрохвильова піч
電子レンジ
кухонні ваги
調理用はかり
тостер
トースター
мийний засіб
洗剤
піч
オーブン
морозильне відділення
冷凍室
відро для сміття
ゴミ箱
посудомийна машина
食器洗い機

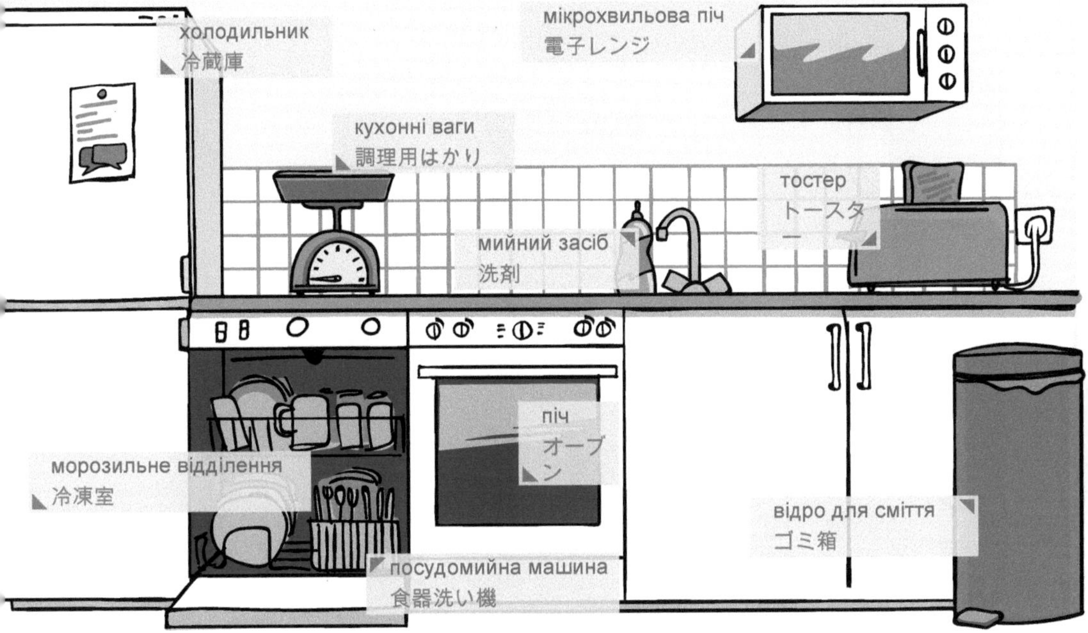

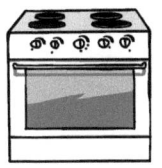

плита

こんろ

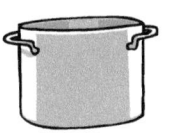

горщик

鍋

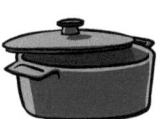

чавунний горщик

鉄鍋

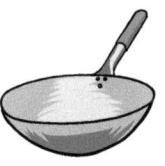

вок / кадай

中華鍋/ カダイ鍋

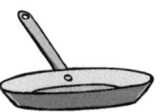

сковорода

フライパン

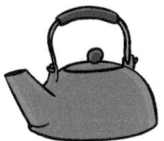

чайник

やかん

пароварка

蒸し器

лист

天板

посуд

食器

кухоль

マグカップ

чаша

ボウル

палички для їжі

箸

черпак

おたま

лопатка

へら

вінчик для збивання

泡立て器

сито

こし器

сито

ふるい

терка

すりおろし器

ступка

すり鉢

барбекю

バーベキュー

багаття

かまど

дошка

まな板

качалка

麺棒

штопор

栓抜き

конзерва

缶

відкривачка

缶切り

прихватки

鍋つかみ

раковина

流し

щітка

ブラシ

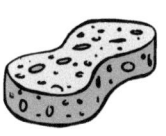

губка

スポンジ

міксер

ミキサー

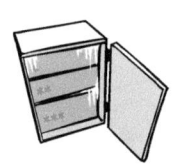

морозильна камера

冷凍庫

дитяча пляшка

哺乳瓶

кран

蛇口

ванна кімната

浴室

опалення
ヒーター
рушник
タオル
душ
シャワー
душова завіса
シャワーカーテン
піниста ванна
泡風呂
ванна
浴槽
склянка
グラス
пральна машина
洗濯機
кран
蛇口
плитка
タイル
горшок
おまる
раковина
流し

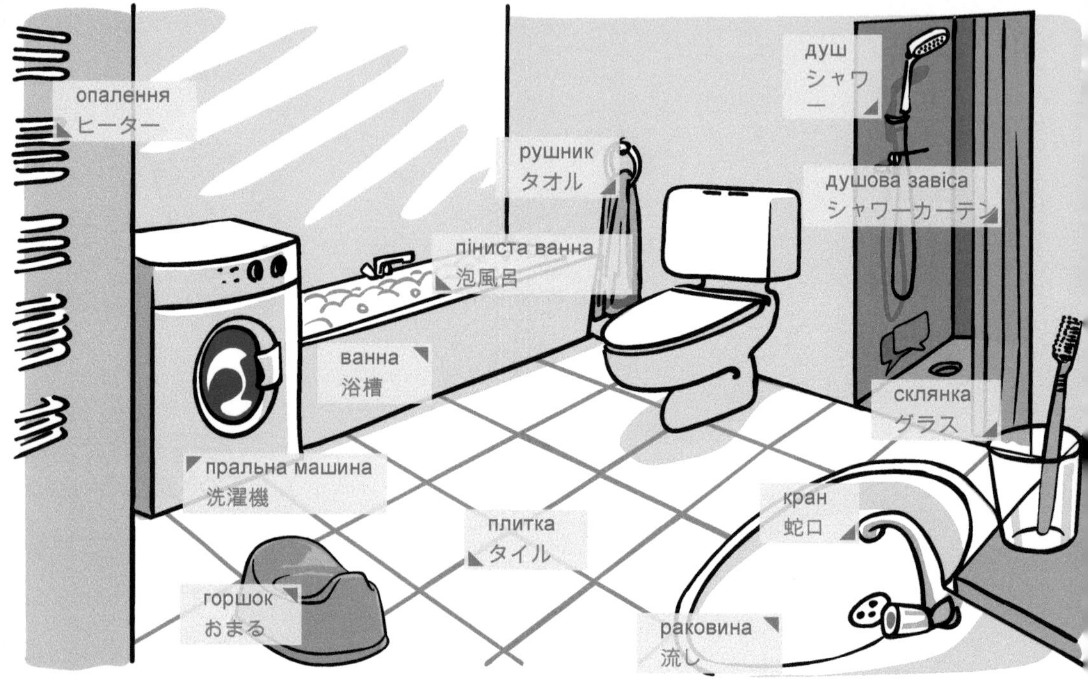

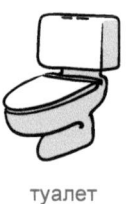

туалет

トイレ

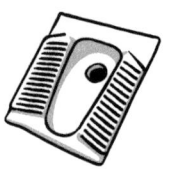

підлоговий туалет

和式トイレ

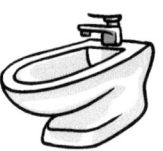

біде

ビデ

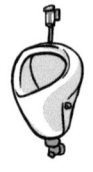

пісуар

小便器

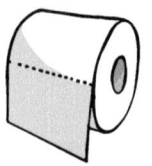

туалетний папір

トイレットペーパー

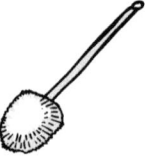

щітка для туалету

トイレブラシ

зубна щітка

歯ブラシ

зубна паста

歯みがき

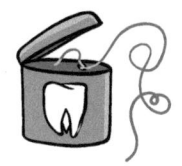

нитка для чищення зубів

デンタルフロス

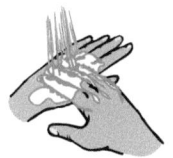

мити

洗う

ручний душ

シャワーヘッド

інтимний душ

ハンドビデ

таз

洗面台

щітка для спини

ボディブラシ

мило

石鹸

гель для душу

シャワー用ジェル

шампунь

シャンプー

мочалка

浴用タオル

водостік

排水口

крем

クリーム

дезодорант

消臭

ванна кімната - 浴室

39

дзеркало

鏡

косметичне дзеркало

手鏡

бритва

かみそり

піна для гоління

シェービング・フォーム

лосьйон після гоління

アフターシェーブローション

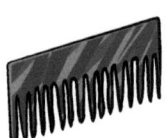

гребінь

櫛

щітка

ブラシ

фен

ドライヤー

лак для волосся

ヘアスプレー

косметика

化粧

губна помада

口紅

лак для нігтів

マニキュア

вата

脱脂綿

ножиці для нігтів

爪切り

парфум

香水

косметичка

洗面用具入れ

табурет

スツール

ваги

体重計

халат

バスローブ

гумові рукавички

ゴム手袋

тампон

タンポン

гігієнічні прокладки

生理用ナプキン

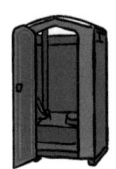

біотуалет

ケミカルトイレ

дитяча кімната

子供部屋

будильник
目覚まし時計
м'яка іграшка
ぬいぐるみ
іграшковий автомобіль
おもちゃの自動車
брязкальце
がらがら
ляльковий будиночок
ドール・ハウス
подарунок
プレゼント

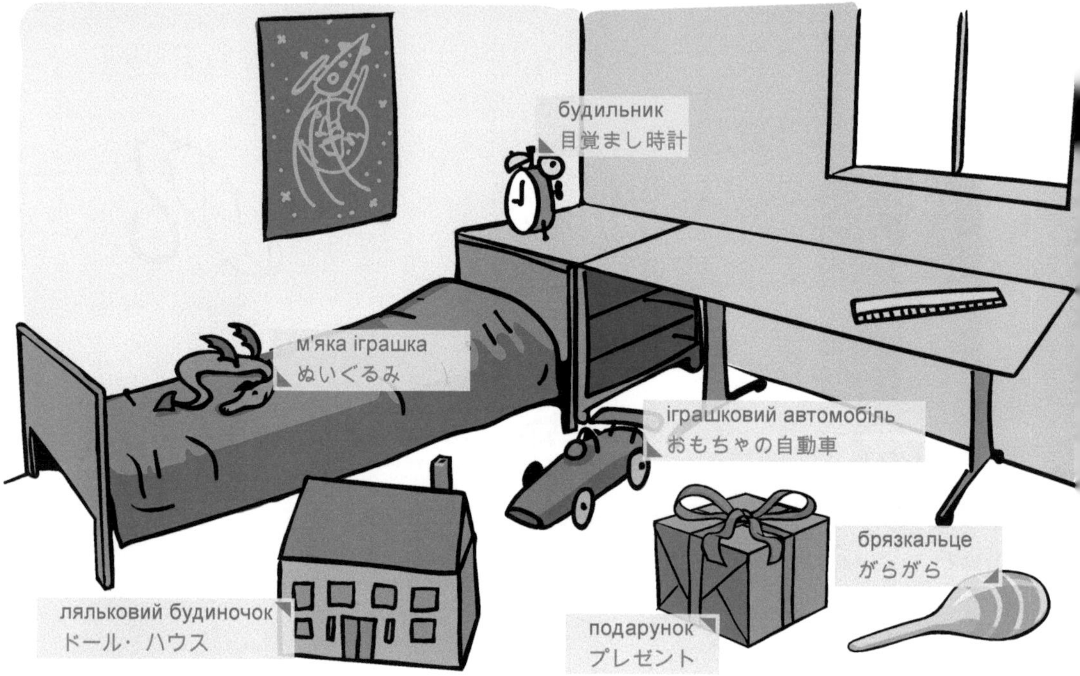

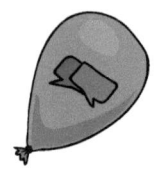

повітряна кулька

風船

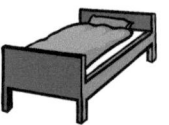

ліжко

ベッド

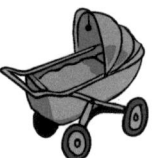

дитячий візок

ベビーカー

картярська гра

カードゲーム

пазл

ジグソーパズル

SUPER
MEGA

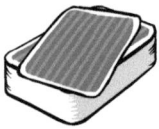

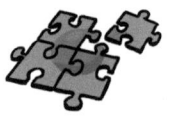

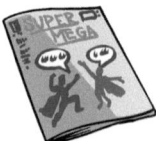

комікс

漫画

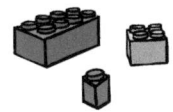

лего цеглинки

レゴ

блоки

玩具ブロック

іграшкова фігурка

アクションフィギュア

повзунки

ロンパース

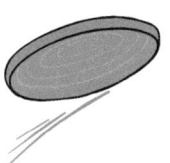

фризбі

フリスビー

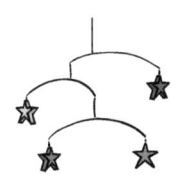

мобіле

モバイル

настільна гра

ボードゲーム

кубик

さいころ

модель залізнична станція

鉄道模型

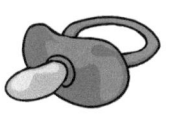

соска

おしゃぶり

вечірка

パーティー

книжка з картинками

絵本

м'яч

ボール

лялька

人形

грати

遊ぶ

пісочниця

砂場

гойдалка

ブランコ

іграшка

おもちゃ

гральна консоль

ゲーム機

триколісний велосипед

三輪車

плюшевий мішка

テディベア

шафа

衣装ダンス

ОДЯГ

衣服

шкарпетки

靴下

панчохи

ストッキング

колготки

タイツ

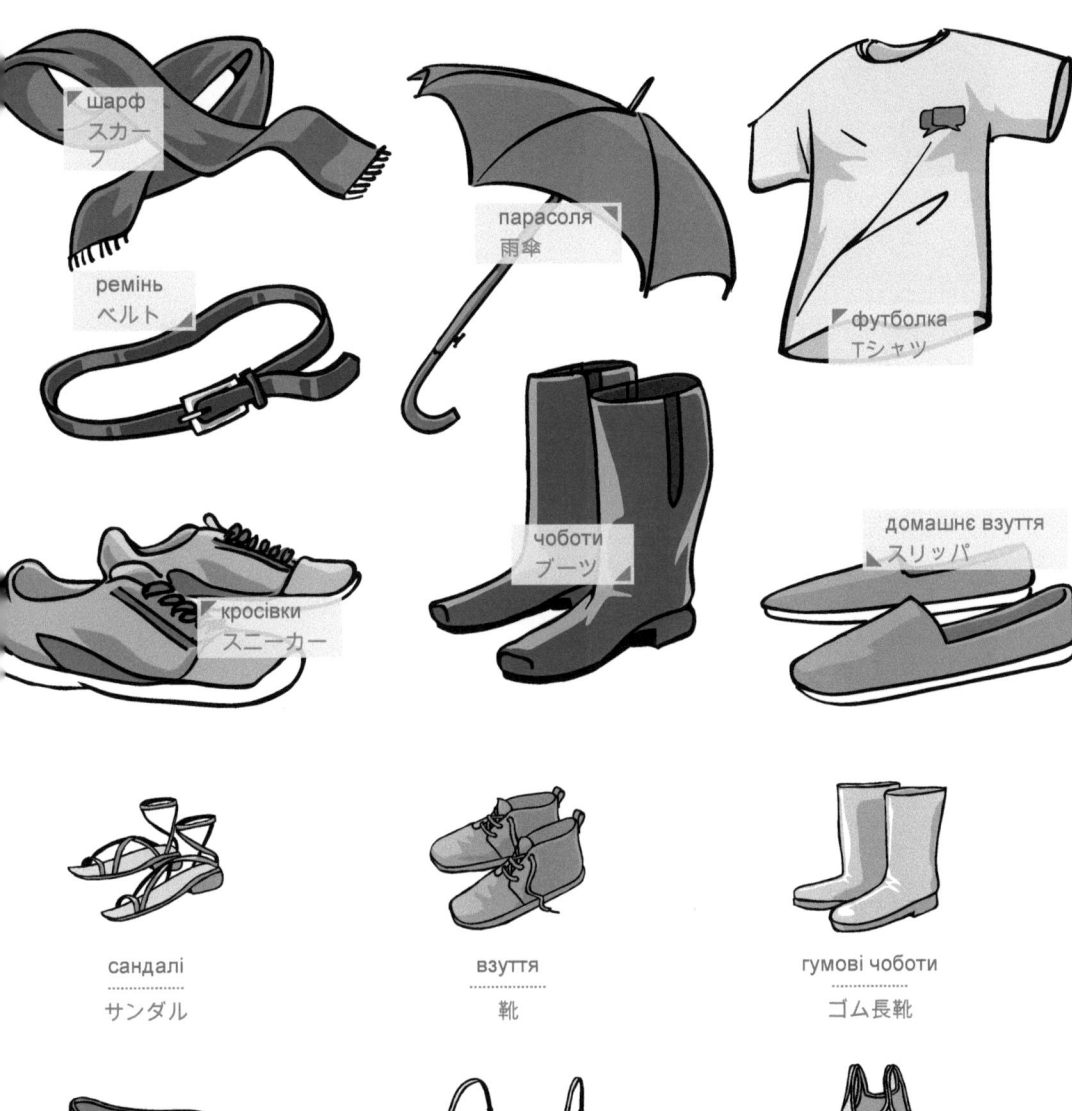

шарф
スカーフ

парасоля
雨傘

футболка
Tシャツ

ремінь
ベルト

чоботи
ブーツ

домашнє взуття
スリッパ

кросівки
スニーカー

сандалі
サンダル

взуття
靴

гумові чоботи
ゴム長靴

труси
パンツ

бюстгальтер
ブラ

нижня сорочка
ベスト

боді

ボディースーツ

штани

ズボン

джинси

ジーンズ

спідниця

スカート

блузка

ブラウス

сорочка

シャツ

пуловер

セーター

светр

パーカー

піджак

ブレザー

куртка

ジャケット

пальто

コート

дощовик

レインコート

костюм

服装

сукня

ドレス

весільна сукня

ウエディングドレス

костюм

スーツ

нічна сорочка

ナイトガウン

піжама

パジャマ

сарі

サリー

головна хустка

ヘッドスカーフ

чалма

ターバン

бурка

ブルカ

кафтан

カフタン

абая

アバヤ

купальник

水着

плавки

トランクス

шорти

半ズボン

тренувальний костюм

スウェットスーツ

фартух

エプロン

рукавички

手袋

гудзик

ボタン

окуляри

メガネ

браслет

ブレスレット

ланцюг

ネックレス

кільце

指輪

сережка

イヤリング

шапка

帽子

плічка

ハンガー

капелюх

帽子

краватка

ネクタイ

застібка-блискавка

ファスナー

шолом

ヘルメット

підтяжки

サスペンダー

шкільна форма

制服

уніформа

ユニフォーム

одяг - 衣服

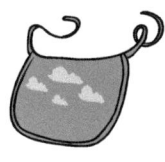

нагрудник

よだれかけ

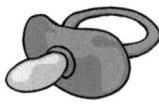

соска

おしゃぶり

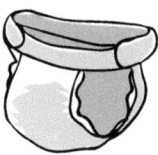

підгузок

おむつ

офіс

オフィス

сервер
サーバ
шаф для документів
書類キャビネット
принтер
プリンター
папір
紙
монітор
モニター
миша
マウス
письмовий стіл
事務机
папка
フォルダー
синтезатор
キーボード
стілець
椅子
кошик для паперу
ごみ箱
комп'ютер
コンピューター

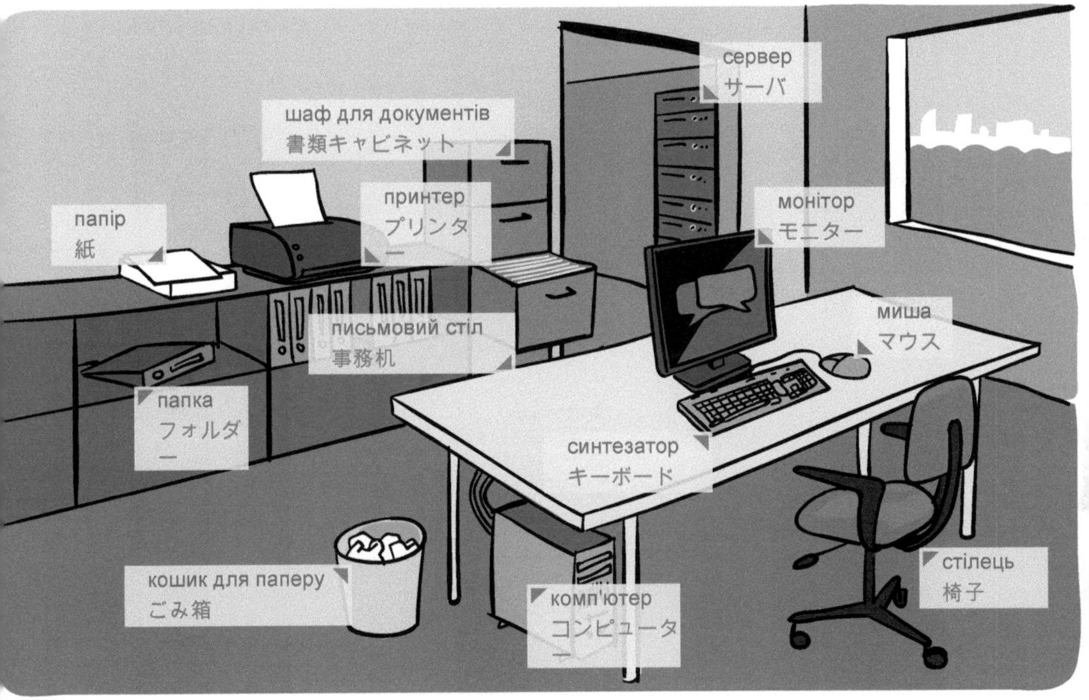

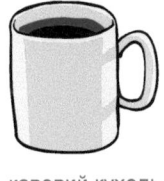

кавовий кухоль

コーヒーマグ

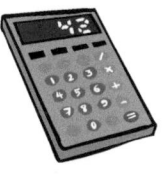

калькулятор

計算機

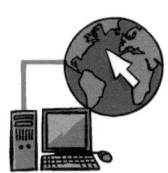

інтернет

インターネット

ноутбук

ラップトップ

лист

手紙

повідомлення

メッセージ

мобільний телефон

携帯電話

мережа

ネットワーク

копіювальний пристрій

コピー機

програмне забезпечення

ソフトウェア

телефон

電話

розетка

コンセント

факс

ファックス

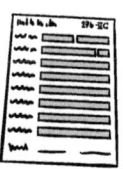

бланк

フォーム

документ

書類

купувати

買う

платити

支払う

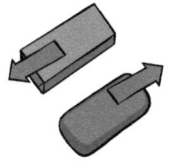

торгувати

取引する

гроші

お金

долар

ドル

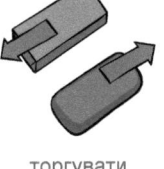

євро

ユーロ

ієна

円

рубль

ルーブル

франк

スイスフラン

юанів женьміньбі

人民元

рупія

ルピー

банкомат

キャッシュポイント

обмінний пункт

両替所

золото

金

срібло

銀

нафта

油

енергія

エネルギー

ціна

価格

контракт

契約

податок

税金

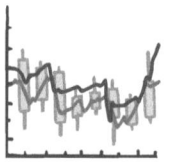

акція

株

працювати

働く

працівник

従業員

роботодавець

雇用主

фабрика

工場

магазин

ショップ

професії
職業

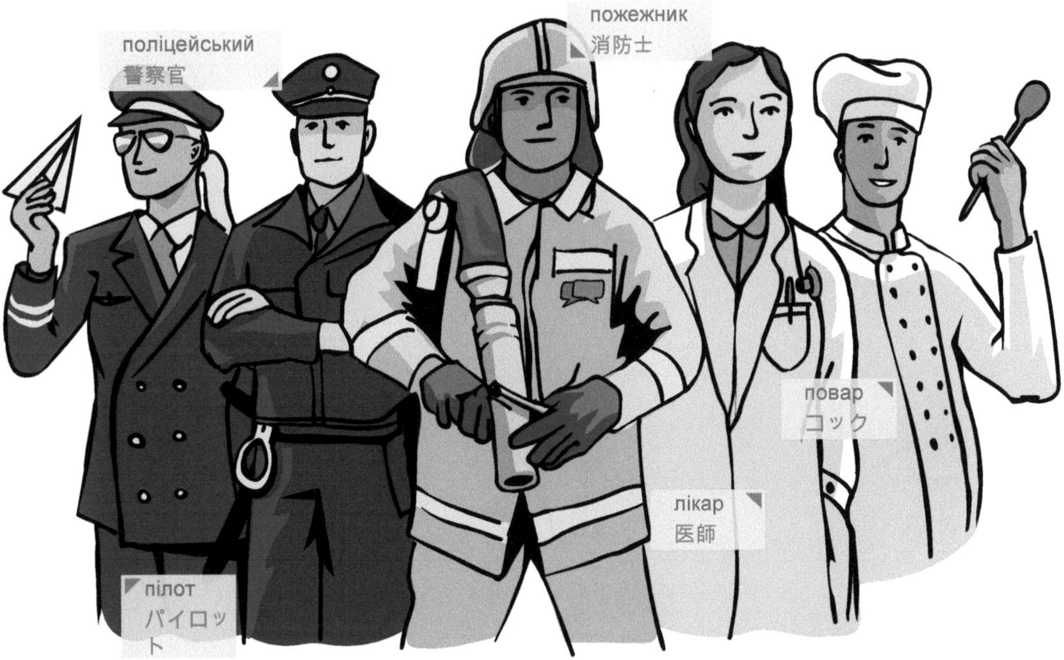

поліцейський
警察官
пожежник
消防士
повар
コック
лікар
医師
пілот
パイロット

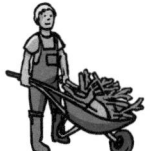

садівник

庭師

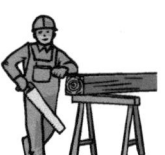

столяр

大工

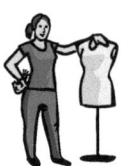

швачка

お針子

суддя

裁判官

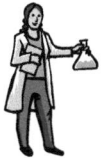

хімік

化学者

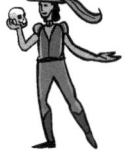

актор

俳優

водій автобуса

バスの運転手

таксист

タクシー運転手

рибалка

漁師

прибиральниця

掃除婦

покрівельник

屋根ふき職人

офіціант

ウェイター

мисливець

ハンター

художник

塗装工

пекар

パン屋

електрик

電気工

будівельник

建設作業員

інженер

エンジニア

забійник

肉屋

бляхар

配管工

листоноша

郵便配達人

солдат

軍人

архітектор

建築家

касир

レジ係

флорист

花屋

перукар

美容師

кондуктор

車掌

механік

機械工

капітан

キャプテン

дантист

歯科医

вчений

科学者

рабин

ラビ

імам

イスラム導師

монах

修道士

пастор

牧師

інструменти
道具

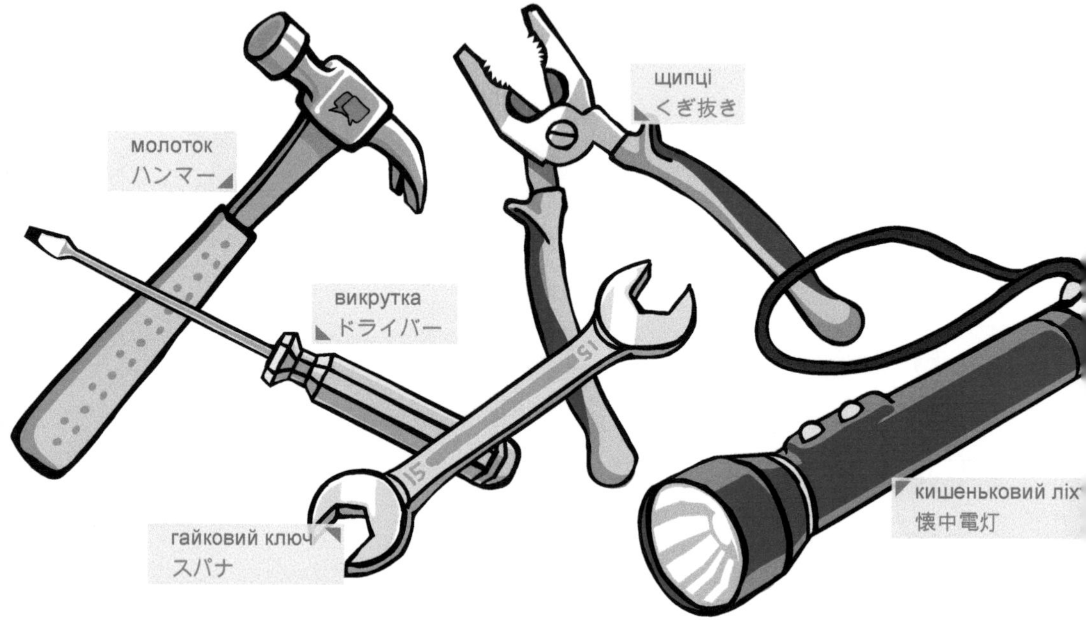

молоток
ハンマー
щипці
くぎ抜き
викрутка
ドライバー
гайковий ключ
スパナ
кишеньковий ліх
懐中電灯

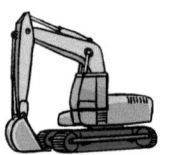

екскаватор

掘削機

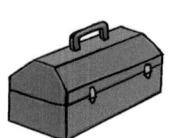

ящик для інструментів

道具箱

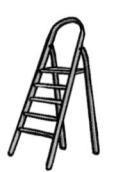

драбина

はしご

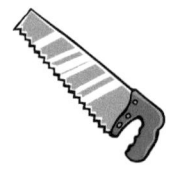

пилка

のこぎり

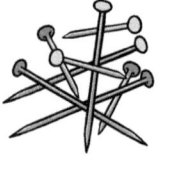

цвяхи

釘

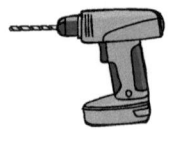

свердло

ドリル

ремонтувати
修理する

лопата
シャベル

лайно!
クソ！

совок
ちりとり

відро з фарбою
ペンキ缶

гвинти
ネジ

музичні інструменти
楽器

динамік
スピーカー

ударна установка
打楽器

гітара
ギター

контрабас
コントラバス

труба
トランペット

фортепіано

ピアノ

скрипка

バイオリン

бас

バス

литаври

ティンパニ

барабан

ドラム

клавіатура

キーボード

саксофон

サックス

флейта

フルート

мікрофон

マイクロフォン

зоопарк
動物園

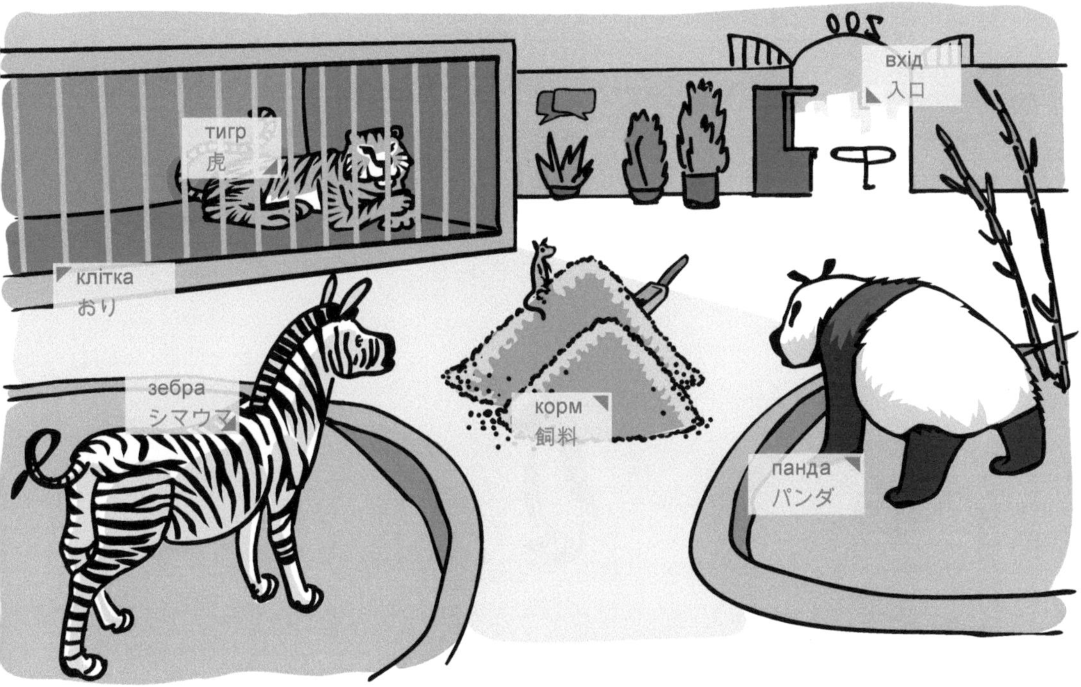

вхід
入口
тигр
虎
клітка
おり
зебра
シマウマ
корм
飼料
панда
パンダ

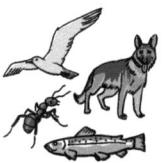

тварини
動物

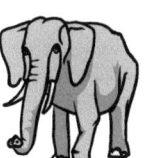

слон
象

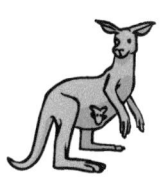

кенгуру
カンガルー

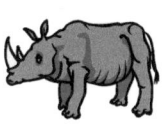

носоріг
サイ

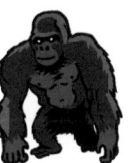

горила
ゴリラ

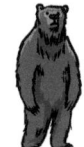

ведмідь
熊

верблюд

ラクダ

страус

ダチョウ

лев

ライオン

мавпа

猿

фламінго

フラミンゴ

папуга

オウム

білий ведмідь

白クマ

пінгвін

ペンギン

акула

サメ

павич

クジャク

змія

蛇

крокодил

ワニ

працівник зоопарку

飼育係

тюлень

アザラシ

ягуар

ジャガー

зоопарк － 動物園

поні

ポニー

леопард

ヒョウ

гіпопотам

カバ

жираф

キリン

орел

鷲

кабан

雄豚

риба

魚

черепаха

亀

морж

セイウチ

лисиця

狐

газель

ガゼル

американський футбол
アメフト

їзда на велосипеді
サイクリング

теніс
テニス

баскетбол
バスケットボール

плавання
水泳

бокс
ボクシング

хокей
アイスホッケー

футбол
サッカー

бадмінтон
バドミントン

легка атлетика
陸上競技

гандбол
ハンドボール

лижні перегони
スキー

поло
ポロ

стрибати
跳ぶ

сміятися
笑う

обіймати
抱きしめる

йти
歩く

співати
歌う

мріяти
夢見る

молитися
祈る

цілувати
キス

писати
書く

малювати
描く

показувати
示す

тиснути
押す

давати
与える

брати
取る

мати

持っている

робити

する

бути

ある

стояти

立つ

бігати

走る

тягнути

引く

кидати

投げる

падати

落ちる

лежати

横たわっている

очікувати

待つ

носити

運ぶ

сидіти

座る

одягати

着る

спати

眠る

просипатися

目が覚める

дивитися

見る

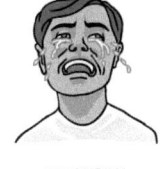

плакати

泣く

гладити

なでる

розчісувати

櫛ですく

розмовляти

話す

розуміти

理解する

питати

質問する

слухати

聞く

пити

飲む

їсти

食べる

прибирати

片づける

любити

愛する

варити

料理する

їхати

運転する

літати

飛ぶ

йти під вітрилом

ヨットに乗る

рахувати

計算する

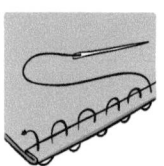

читати

読む

вчитися

学ぶ

працювати

働く

одружуватися

結婚する

шити

縫う

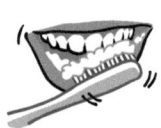

чистити зуби

歯を磨く

убивати

殺す

курити

喫煙する

посилати

送る

бабуся
祖母

дідуся
祖父

батько
父

мати
母

немовля
赤ん坊

донька
娘

син
息子

гість
お客様

тітка
おば

дядько
おじ

брат
兄弟

сестра
姉妹

тіло

体

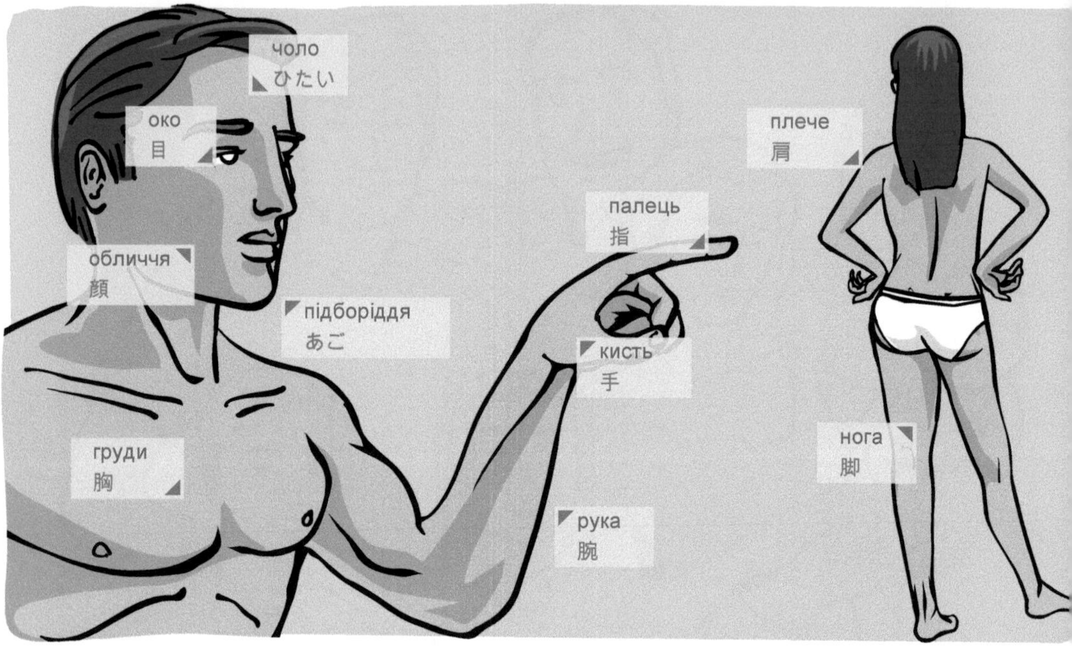
чоло
ひたい
око
目
плече
肩
палець
指
обличчя
顔
підборіддя
あご
кисть
手
груди
胸
нога
脚
рука
腕

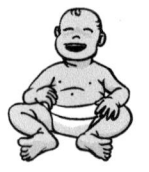

немовля
赤ん坊

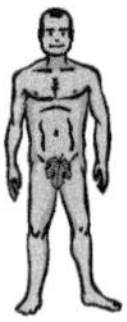
чоловік
男性

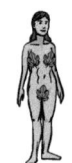

жінка
女性

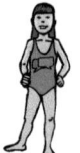

дівчина
少女

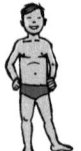

хлопчик
少年

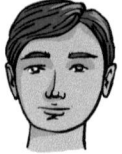

голова
頭

спина

背中

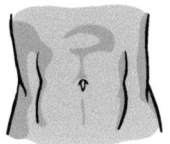

живіт

腹

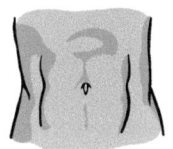

пуп

へそ

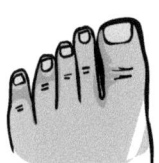

палець ноги

足指

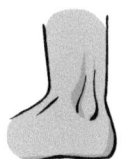

п'ята

かかと

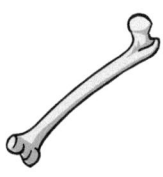

кістка

骨

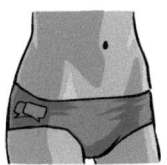

стегно

腰

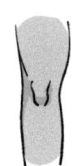

коліно

ひざ

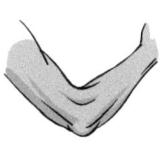

лікоть

ひじ

ніс

鼻

сідниці

尻

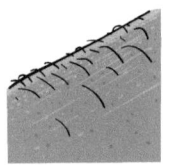

шкіра

皮膚

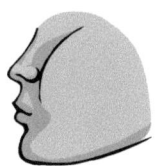

щока

頬

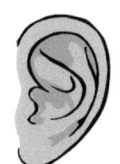

вухо

耳

губа

唇

тіло - 体

рот

口

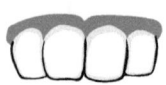

зуб

歯

язик

舌

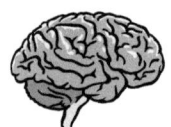

мозок

脳

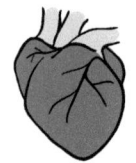

серце

心臓

м'яз

筋肉

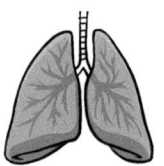

легені

肺

печінка

肝臓

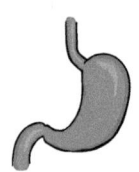

шлунок

胃

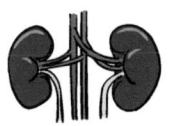

нирки

腎臓

статевий акт

セックス

презерватив

コンドーム

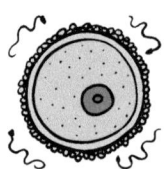

яйцеклітина

卵細胞

сперма

精液

вагітність

妊娠

тіло - 体

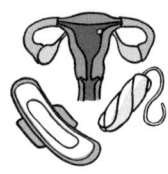

менструація

月経

вагіна

膣

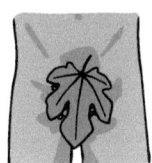

пеніс

ペニス

брова

眉

волосся

髪

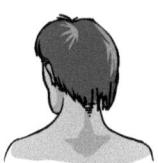

шия

首

лікарня

病院

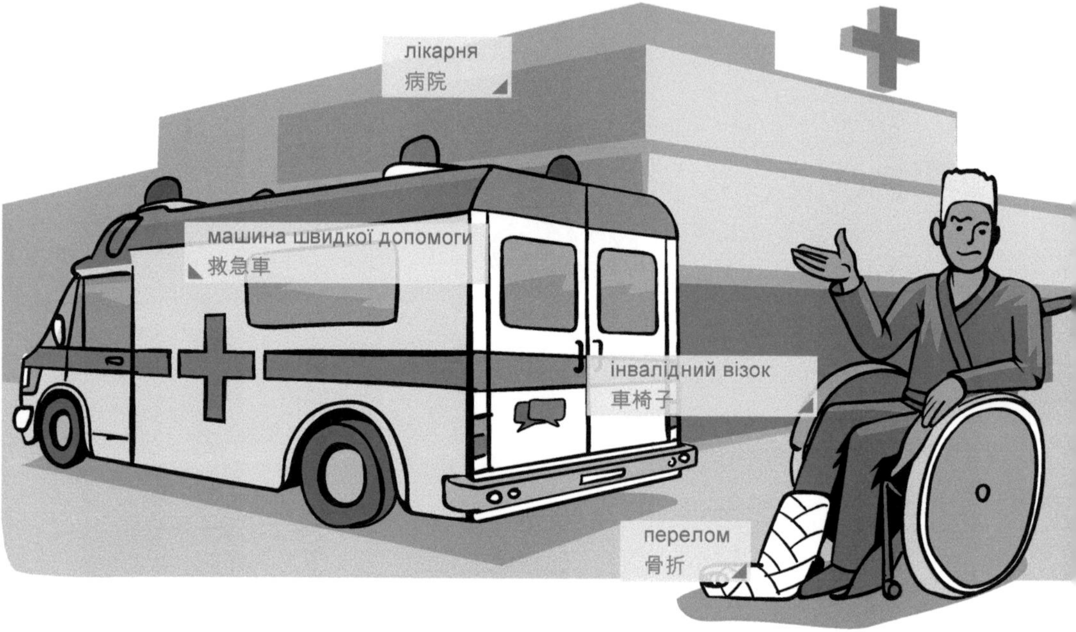

лікарня
病院
машина швидкої допомоги
救急車
інвалідний візок
車椅子
перелом
骨折

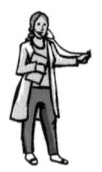

лікар

医師

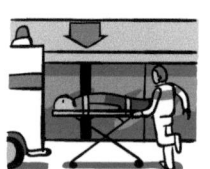

відділення швидкої медичної допомоги

救急治療室

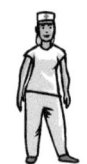

медсестра

看護師

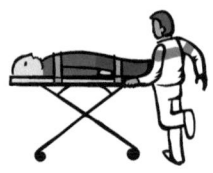

аварійний випадок

救急

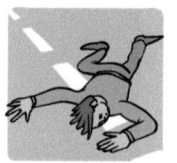

непритомний

失神

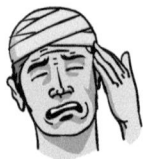

біль

痛み

травма

けが

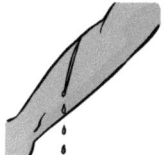

кровотеча

出血

інфаркт

心臓発作

інсульт

脳卒中

алергія

アレルギー

кашель

咳

лихоманка

熱

грип

インフルエンザ

пронос

下痢

головна біль

頭痛

рак

癌

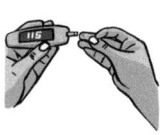

діабет

糖尿病

хірург

外科医

скальпель

外科用メス

операція

手術

КТ
CT

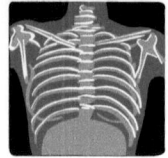

рентген
レントゲン

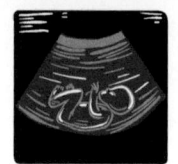

ультразвук
超音波

маска
マスク

хвороба
病気

зал очікування
待合室

милиця
松葉づえ

пластир
ばんそうこう

пов'язка
包帯

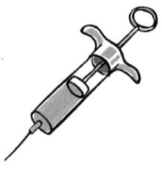

ін'єкція
注射

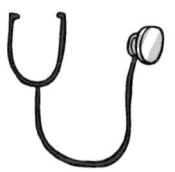

стетоскоп
聴診器

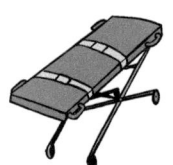

ноші
担架

термометр
体温計

народження
出産

надмірна вага
肥満

слуховий апарат

補聴器

дезінфікуючий засіб

消毒剤

інфекція

感染

вірус

ウイルス

ВІЛ / СНІД

HIV / エイズ

медицина

内服薬

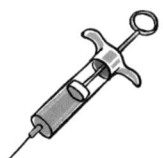

вакцинація

予防接種

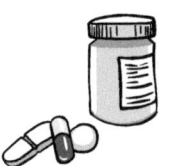

таблетки

錠剤

протизаплідна пігулка

ピル

екстрений виклик

緊急電話

тонометр

血圧計

хворий / здоровий

病気の ／ 健康な

Допоможіть!

助けて！

сигнал тривоги

アラーム

напад

暴行

атака

攻撃

небезпека

危険

аварійний вихід

非常口

Вогонь!

火事だ！

вогнегасник

消火器

аварія

事故

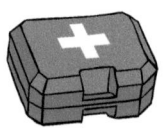

аптечка

救急箱

СОС

SOS

поліція

警察

Європа

ヨーロッパ

Північна Америка

北米

Південна Америка

南米

Африка

アフリカ

Азія

アジア

Австралія

オーストラリア

Атлантика

大西洋

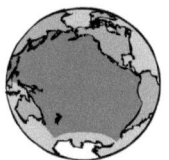

Тихий океан

太平洋

Індійський океан

インド洋

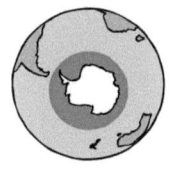

Антарктичний океан

南極海

Північний Льодовитий
океан

北極海

Північний полюс

北極

Південний полюс

南極

Антарктика

南極大陸

Земля

地球

суша

陸

море

海

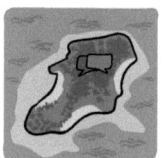

острів

島

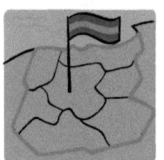

нація

国家

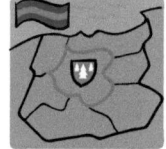

держава

国家

циферблат

文字盤

годинникова стрілка

短針

хвилинна стрілка

長針

секундна стрілка

秒針

Котра година?

何時ですか？

день

日

час

時間

зараз

現在

цифровий годинник

デジタル時計

хвилина

分

година

時間

Понеділок
月曜

MO

Середа
水曜

W

П'ятниця
金曜

FR

TU

TH

SA

Вівторок
火曜

Субота
土曜

SO

Четвер
木曜

Неділя
日曜

вчора

昨日

сьогодні

今日

завтра

明日

ранок

朝

опівдні

昼

вечір

夜

робочі дні

営業日

кінець робочого тижня

週末

дощ
雨

веселка
虹

вітер
風

сніг
雪

весна
春

осінь
秋

літо
夏

зима
冬

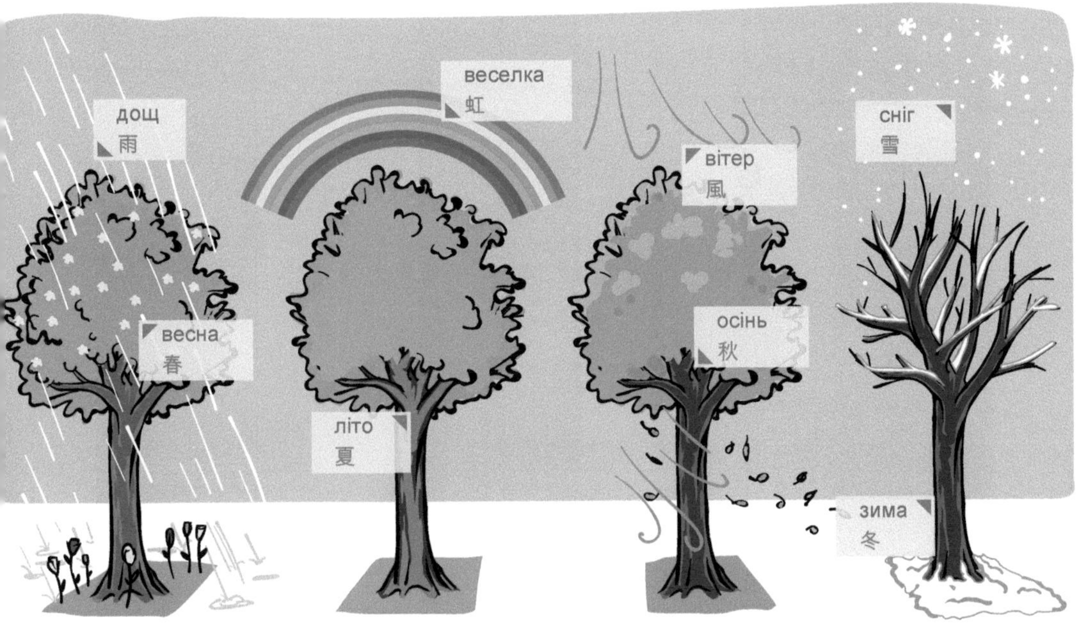

прогноз погоди

天気予報

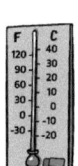

термометр

温度計

сонячне світло

日差し

хмара

雲

туман

霧

вологість повітря

湿度

блискавка
雷

грім
雷

шторм
嵐

град
ひょう

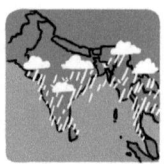

мусон
季節風

повінь
洪水

лід
氷

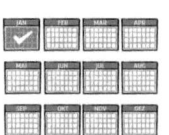

Січень
1月

Лютий
2月

Березень
3月

Квітень
4月

Травень
5月

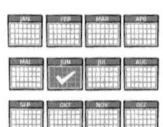

Червень
6月

Липень
7月

Серпень
8月

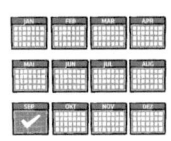

Вересень

9月

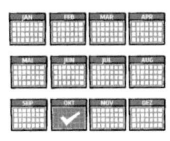

Жовтень

10月

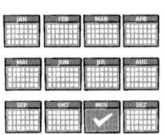

Листопад

11月

Грудень

12月

круг

円

квадрат

正方形

прямокутник

長方形

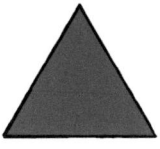

трикутник

三角

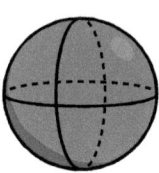

куля

球

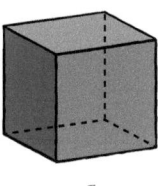

куб

立方体

білий
....
白

жовтий
....
黄

помаранчевий
....
オレンジ

рожевий
....
ピンク

червоний
....
赤

фіолетовий
....
紫

синій
....
青

зелений
....
緑

коричневий
....
茶

сірий
....
灰色

чорний
....
黒

багато / мало

多い / 少ない

лютий / мирний

怒っている /
落ち着いている

гарний / бридкий

美しい / 醜い

початок / кінець

初め / 終わり

великий / малий

大きい / 小さい

світлий / темний

明るい / 暗い

брат / сестра

兄弟 / 姉妹

чистий / брудний

清潔な / 汚い

завершений /
незавершений

完全な / 不完全な

день / ніч

日中 / 夜

мертвий / живий

死んだ / 生きている

широкий / вузький

幅広い / 狭い

їстівний / неїстівний

食べられる /
食べられない

злий / дружній

悪意のある / 親切な

збуджений / нудьгуючий

興奮している /
退屈している

товстий / тонкий

太った / 痩せた

спочатку / востаннє

最初に / 最後に

друг / ворог

友人 / 敵

повний / порожній

いっぱいの / 空の

жорсткий / м'який

硬い / 柔らかい

важкий / легкий

重い / 軽い

голод / спрага

空腹 / 喉の渇き

хворий / здоровий

病気の / 健康な

незаконний / законний

違法な / 合法な

розумний / дурний

賢い / 愚かな

вліво / вправо

左に / 右に

поруч / далеко

近い / 遠い

новий / використаний

新しい / 中古の

нічого / щось

何もない / 何かある

старий / молодий

老いた / 若い

вкл / викл

オン / オフ

відкрито / закрито

開いている /
閉まっている

тихо / гучно

静かな / うるさい

багатий / бідний

裕福な / 貧乏な

правильно / неправильно

正しい / 間違っている

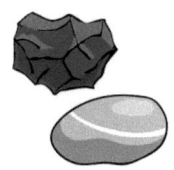

шорсткий / гладкий

粗い / なめらか

сумний / щасливий

悲しい / 幸せな

короткий / довгий

短い / 長い

повільно / швидко

ゆっくり / 速い

вологий / сухий

濡れた / 乾いた

гарячий / холодний

温かい / 冷たい

війна / мир

戦争 / 平和

протилежності - 反対

0

нуль

ゼロ

1

один

1

2

два

2

3

три

3

4

чотири

4

5

п'ять

5

6

шість

6

7

сім

7

8

вісім

8

9

дев'ять

9

10

десять

10

11

одинадцять

11

12

дванадцять

12

13

тринадцять

13

14

чотирнадцять

14

15

п'ятнадцять

15

16

шістнадцять

16

17

сімнадцять

17

18

вісімнадцять

18

19

дев'ятнадцять

19

20

двадцять

20

100

сто

100

1.000

тисяча

1000

1.000.000

мільйон

100万

числа - 数

англійська

英語

американська англійська

アメリカ英語

китайська
високочиновницька

中国標準語

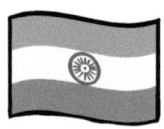

хінді

ヒンディー語

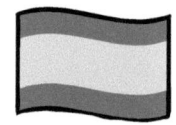

іспанська

スペイン語

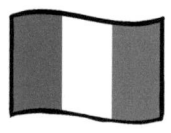

французька

フランス語

арабська

アラビア語

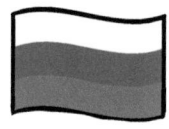

російська

ロシア語

португальська

ポルトガル語

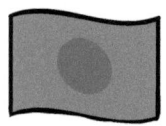

бенгальська

ベンガル語

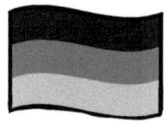

німецька

ドイツ語

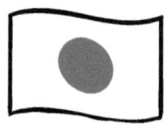

японська

日本語

я

私

ти

あなた

він / вона / воно

彼 / 彼女 / それ

ми

私たち

ви

あなたたち

вони

彼ら

хто?

誰？

що?

何？

як?

どうやって？

де?

どこ？

коли?

いつ？

ім'я

名前

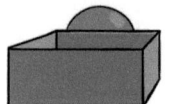

ззаду

後ろ

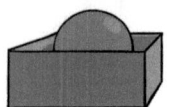

в

中

перед

前

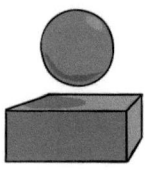

над

上

на

上

під

下

біля

横

між

間

місце

場所